Schule - škola 2
Reise - putovanje 5
Transport - transport 8
Stadt - grad 10
Landschaft - krajolik 14
Restaurant - restoran 17
Supermarkt - supermarket 20
Getränke - piće 22
Essen - jelo 23
Bauernhof - seosko imanje 27
Haus - kuća 31
Wohnzimmer - dnevni boravak 33
Küche - kuhinja 35
Badezimmer - kupatilo 38
Kinderzimmer - dječija soba 42
Kleidung - odjeća 44
Büro - ured 49
Wirtschaft - ekonomija 51
Berufe - zanimanja 53
Werkzeuge - alat 56
Musikinstrumente - muzički instrumenti 57
Zoo - zološki vrt 59
Sport - sport 62
Aktivitäten - aktivnosti 63
Familie - porodica 67
Körper - tijelo 68
Krankenhaus - bolnica 72
Notfall - hitna pomoć 76
Erde - Zemlja 77
Uhr - sat 79
Woche - sedmica, nedjelja 80
Jahr - godina 81
Formen - oblici 83
Farben - boje 84
Gegenteile - suprotnosti 85
Zahlen - brojevi 88
Sprachen - jezici 90
wer / was / wie - ko / šta / gdje 91
wo - gdje 92

Impressum
Verlag: BABADADA GmbH, Nedderfeld 112 , 22529 Hamburg
Geschäftsführer / Verlagsleitung: Harald Hof
Druck: Books on Demand GmbH, In de Tarpen 42, 22848 Norderstedt

Imprint
Publisher: BABADADA GmbH, Nedderfeld 112 , 22529 Hamburg, Germany
Managing Director / Publishing direction: Harald Hof
Print: Books on Demand GmbH, In de Tarpen 42, 22848 Norderstedt, Germany

Schule

škola

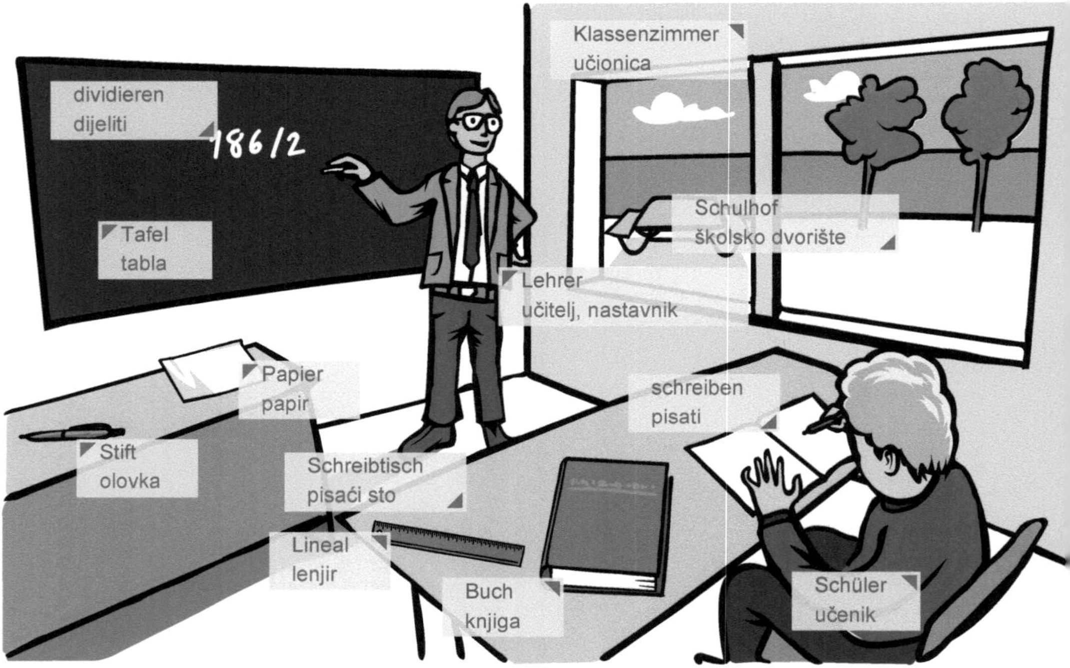
Klassenzimmer
učionica
dividieren
dijeliti
186/2
Schulhof
školsko dvorište
Tafel
tabla
Lehrer
učitelj, nastavnik
Papier
papir
schreiben
pisati
Stift
olovka
Schreibtisch
pisaći sto
Lineal
lenjir
Buch
knjiga
Schüler
učenik

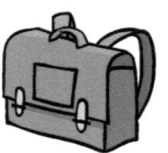

Ranzen

torba

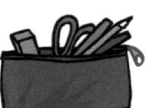

Federmappe

pernica

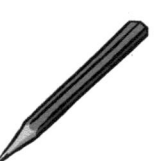

Bleistift

drvena olovka

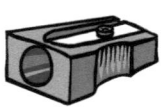

Bleistiftanspitzer

šiljalo za olovke

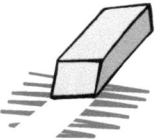

Radiergummi

gumica

Zeichenblock

blok za crtanje

Zeichnung
crtež

Pinsel
kist

Malkasten
kutija s bojama

Schere
makaze

Klebstoff
ljepilo

Übungsheft
vježbanka

Hausaufgabe
domaća zadaća

Zahl
broj

2+2

addieren
sabirati

5-2

subtrahieren
oduzimati

2×2

multiplizieren
množiti

rechnen
računati

A

Buchstabe
slovo

ABCDEFG
HIJKLMN
OPQRSTU
VWXYZ

Alphabet
abeceda

Wort
riječ

Text

tekst

lesen

čitati

Kreide

kreda

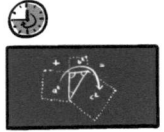

Stunde

sat

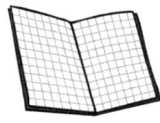

Klassenbuch

školski dnevnik

Prüfung

ispit

Zeugnis

svjedočanstvo

Schuluniform

školska uniforma

Ausbildung

izobrazba

Lexikon

leksikon

Universität

univerzitet

Mikroskop

mikroskop

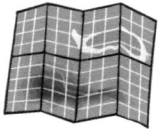

Karte

karta

Papierkorb

korpa za papir

Reise

putovanje

Hotel
hotel
Grand
Herberge
hostel
ROOMS
Wechselstube
mjenjačnica
Koffer
kofer
Auto
auto

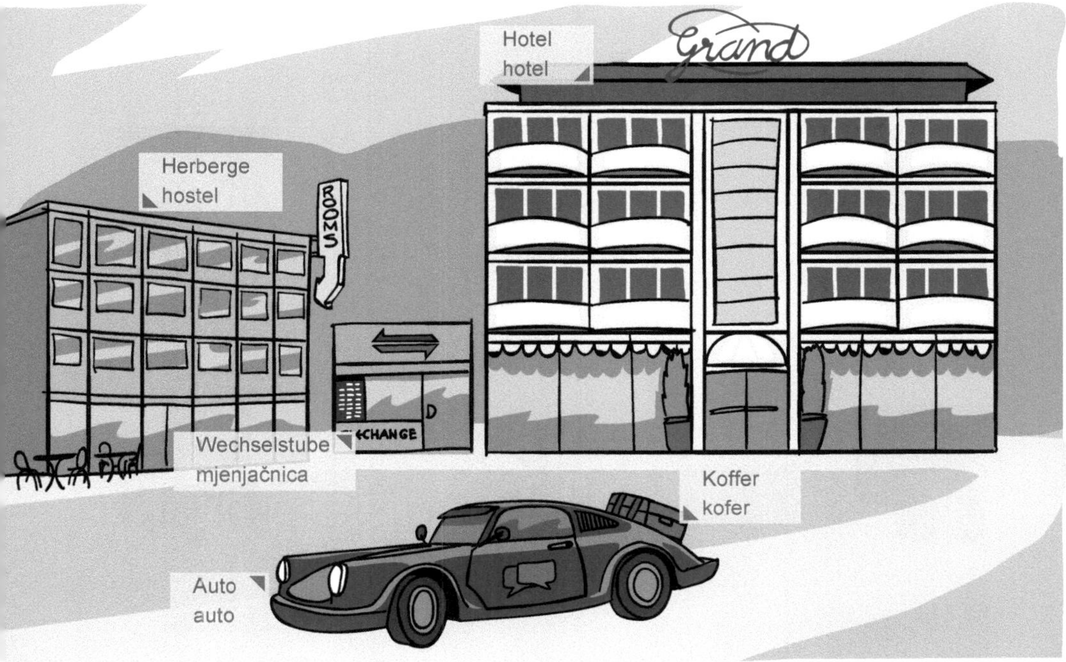

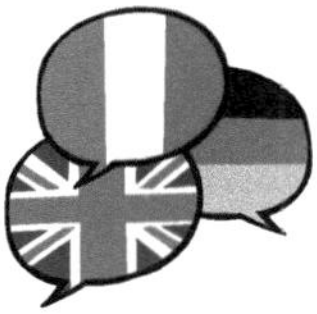

Sprache

jezik

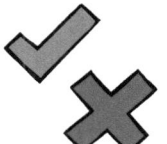

ja / nein

da / ne

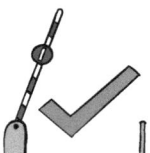

Okay

okej

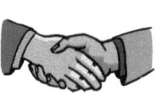

Hallo

zdravo

Übersetzer

tumač

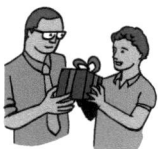

Danke

hvala

Was kostet...?

Koliko košta...?

Ich verstehe nicht

Ne razumijem

Problem

problem

Guten Abend!

dobro veče!

Guten Morgen!

Dobro jutro!

Gute Nacht!

Laku noć!

Auf Wiedersehen

doviđenja

Richtung

smjer

Gepäck

prtljag

Tasche

torba

Rucksack

ruksak

Gast

gost

Zimmer

soba

Schlafsack

vreća za spavanje

Zelt

šator

Touristeninformation

turističke informacije

Strand

plaža

Kreditkarte

kreditna kartica

Frühstück

doručak

Mittagessen

ručak

Abendessen

večera

Fahrkarte

putna karta

Fahrstuhl

lift

Briefmarke

poštanska markica

Grenze

granica

Zoll

carina

Botschaft

ambasada

Visum

viza

Pass

pasoš

Flugzeug
avion

Schiff
brod

Feuerwehrauto
vatrogasno vozilo

Bus
autobus

Lastwagen
kamion

Motorboot
motorni čamac

Fahrrad
biciklo

Auto
auto

Fähre

trajekt

Boot

brod

Motorrad

motocikl

Polizeiauto

policijski automobil

Rennauto

trkaći automobil

Mietwagen

unajmljeni automobil

8   Transport - transport

Carsharing

kar-šering

Abschleppwagen

pauk

Müllauto

smećarsko vozilo

Motor

motor

Kraftstoff

gorivo

Tankstelle

benzinska pumpa

Verkehrsschild

saobraćajni znak

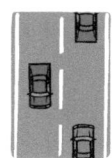

Verkehr

saobraćaj

Stau

zastoj

Parkplatz

parking

Bahnhof

željeznička stanica

Schienen

šine

Zug

voz

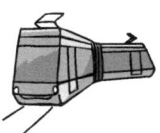

Straßenbahn

tramvaj

Wagon

vagon

Helikopter

helikopter

Flughafen

aerodrom

Tower

toranj

Passagier

putnik

Container

kontejner

Karton

karton

Karren

tačke

Korb

korpa

starten / landen

poletjeti / sletjeti

Stadt
grad

Dorf

selo

Stadtzentrum

centar grada

Haus

kuća

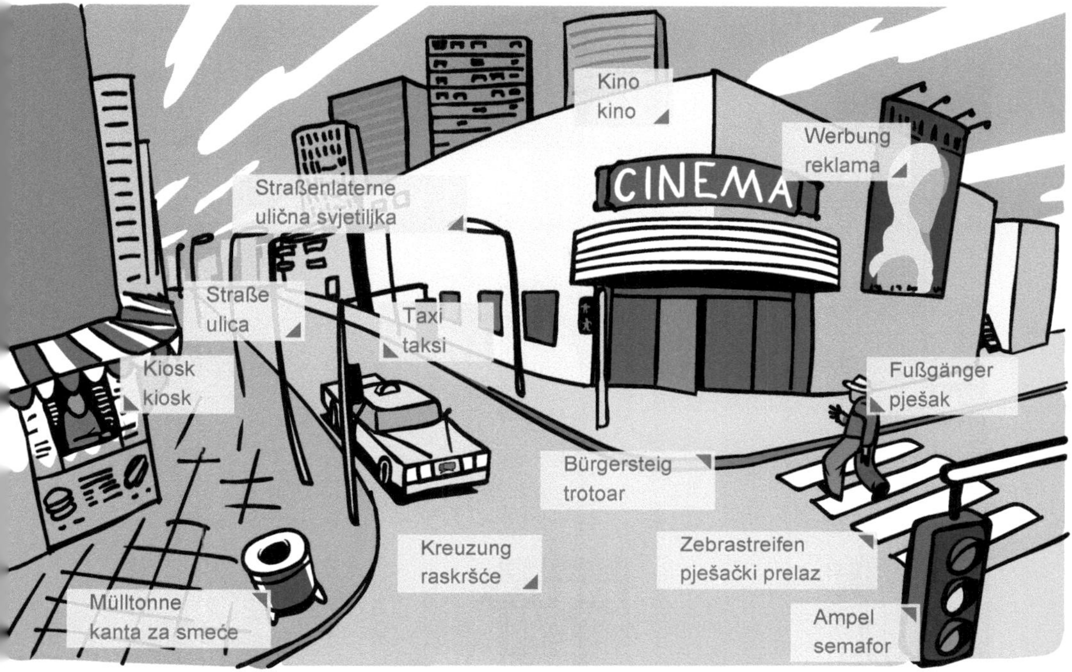

Kino
kino

Werbung
reklama

Straßenlaterne
ulična svjetiljka

CINEMA

Straße
ulica

Taxi
taksi

Kiosk
kiosk

Fußgänger
pješak

Bürgersteig
trotoar

Kreuzung
raskršće

Zebrastreifen
pješački prelaz

Mülltonne
kanta za smeće

Ampel
semafor

Hütte

koliba

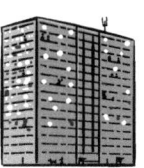

Wohnung

stan

Bahnhof

željeznička stanica

Rathaus

vjećnica

Museum

muzej

Schule

škola

Universität

univerzitet

Bank

banka

Krankenhaus

bolnica

Hotel

hotel

Apotheke

apoteka

Büro

ured

Buchhandlung

knjižara

Geschäft

radnja

Blumenladen

cvjećara

Supermarkt

supermarket

Markt

pijaca

Kaufhaus

robna kuća

Fischhändler

prodavač ribe

Einkaufszentrum

trgovački centar

Hafen

luka

Park

park

Bank

klupa

Brücke

most

Treppe

stepenice

U-Bahn

podzemna željeznica

Tunnel

tunel

Bushaltestelle

autobuska stanica

Bar

bar

Restaurant

restoran

Briefkasten

poštanski sandučić

Straßenschild

saobraćajni znak

Parkuhr

sat za naplatu parkinga

Zoo

zoološki vrt

Badeanstalt

bazen

Moschee

džamija

Bauernhof

seosko imanje

Umweltverschmutzung

zagađenje okoline

Friedhof

groblje

Kirche

crkva

Spielplatz

igralište

Tempel

hram

Landschaft
krajolik

Blatt
list

Wegweiser
putokaz

Weg
putokaz

Wiese
livada

Stein
kamen

Baum
drvo

Wanderer
putnik

Fluss
rijeka

Gras
trava

Blume
cvijet

Tal

dolina

Berg

brdo

See

jezero

Wald

šuma

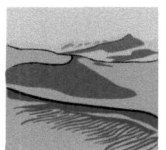

Wüste

pustinja

Vulkan

vulkan

Schloss

dvorac

Regenbogen

duga

Pilz

gljiva

Palme

palma

Moskito

komarac

Fliege

muha

Ameise

mrav

Biene

pčela

Spinne

pauk

Landschaft - krajolik

Käfer

buba

Frosch

žaba

Eichhörnchen

vjeverica

Igel

jež

Hase

zec

Eule

sova

Vogel

ptica

Schwan

labud

Wildschwein

divlja svinja

Hirsch

jelen

Elch

los

Staudamm

brana

Windrad

vjetrenjača

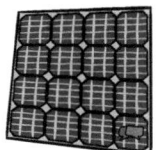

Solarmodul

solarni modul

Klima

klima

Kellner
konobar

Speisekarte
jelovnik

Stuhl
stolica

Suppe
supa

Pizza
pica

Besteck
pribor za jelo

Tischdecke
stolnjak

Vorspeise
predjelo

Hauptgericht
glavno jelo

Nachspeise
desert

Getränke
piće

Essen
jelo

Flasche
flaša

Fastfood

brza hrana

Streetfood

jelo sa ulice

Teekanne

čajnik

Zuckerdose

šećernica

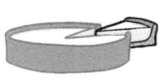

Portion

porcija

Espressomaschine

mašina za espreso

Hochstuhl

barska stolica

Rechnung

račun

Tablett

tacna

Messer

nož

Gabel

viljuška

Löffel

kašika

Teelöffel

kašičica

Serviette

salveta

Glas

čaša

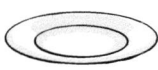

Teller

tanjir

Suppenteller

tanjir za supu

Untertasse

tanjurić

Sauce

sos

Salzstreuer

solanik

Pfeffermühle

mlin za biber

Essig

sirće

Öl

ulje

Gewürze

začini

Ketchup

kečap

Senf

senf

Mayonnaise

majoneza

Supermarkt
supermarket

Angebot
ponuda
FOR
Kunde
klijent
Milchprodukte
mliječni proizvodi
Obst
voće
Einkaufswagen
kolica za kupovinu

BUTCHERS

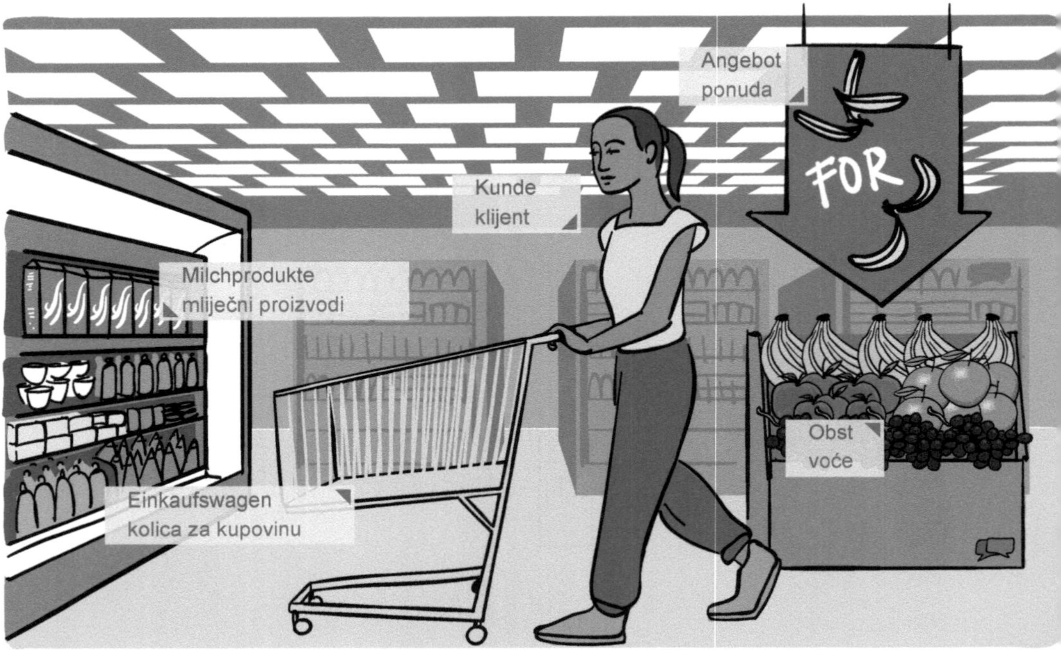

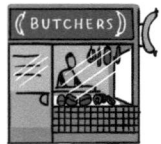

Schlachterei

mesnica- klaonica

BAKERY

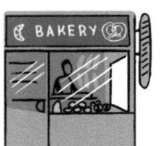

Bäckerei

pekara

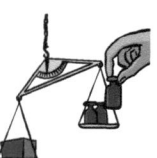

wiegen

vagati

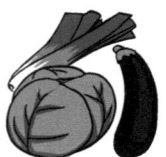

Gemüse

povrće

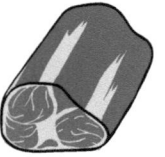

Fleisch

meso

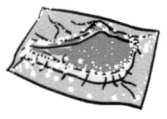

Tiefkühlkost

zaleđena hrana

Aufschnitt

narezak

Konserven

konzerve

Waschmittel

prašak za veš

Süßigkeiten

slatkiši

Haushaltsartikel

kućanski proizvodi

Reinigungsmittel

sredstvo za čišćenje

Verkäuferin

prodavačica

Kasse

kasa

Kassierer

blagajnik

Einkaufsliste

lista za kupovinu

Öffnungszeiten

radno vrijeme

Brieftasche

novčanik

Kreditkarte

kreditna kartica

Tasche

torba

Plastiktüte

najlonska vrećica

Wasser	Saft	Milch
voda	sok	mlijeko

Cola	Wein	Bier
kola	vino	pivo

Alkohol	Kakao	Tee
alkohol	kakao	čaj

Kaffee	Espresso	Cappuccino
kafa	espreso	kapućino

Banane

banana

Apfel

jabuka

Orange

narandža

Melone

lubenica

Zitrone

limun

Karotte

mrkva

Knoblauch

bijeli luk

Bambus

bambus

Zwiebel

crveni luk

Pilz

gljiva

Nüsse

orašasti plodovi

Nudeln

pasta

Spaghetti

špagete

Reis

riža

Salat

salata

Pommes frites

pomfrit

Bratkartoffeln

pečeni krompir

Pizza

pica

Hamburger

hamburger

Sandwich

sendvič

Schnitzel

šnicla

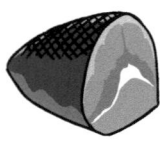

Schinken

šunka

Salami

kobasica

Wurst

kobasica

Huhn

kokoš

Braten

pečenje

Fisch

riba

Haferflocken

zobene pahuljice

Müsli

muzli

Cornflakes

kornfleks

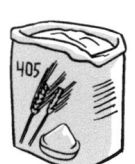

Mehl

brašno

Croissant

kroason

Brötchen

zemičke

Brot

kruh

Toast

tost

Kekse

keksi

Butter

maslac

Quark

svježi sir

Kuchen

kolač

Ei

jaje

Spiegelei

jaje na oko

Käse

sir

Eiscreme

sladoled

Zucker

šećer

Honig

med

Marmelade

marmelada

Nougat-Creme

nugat krema

Curry

kuri

Bauernhof
seosko imanje

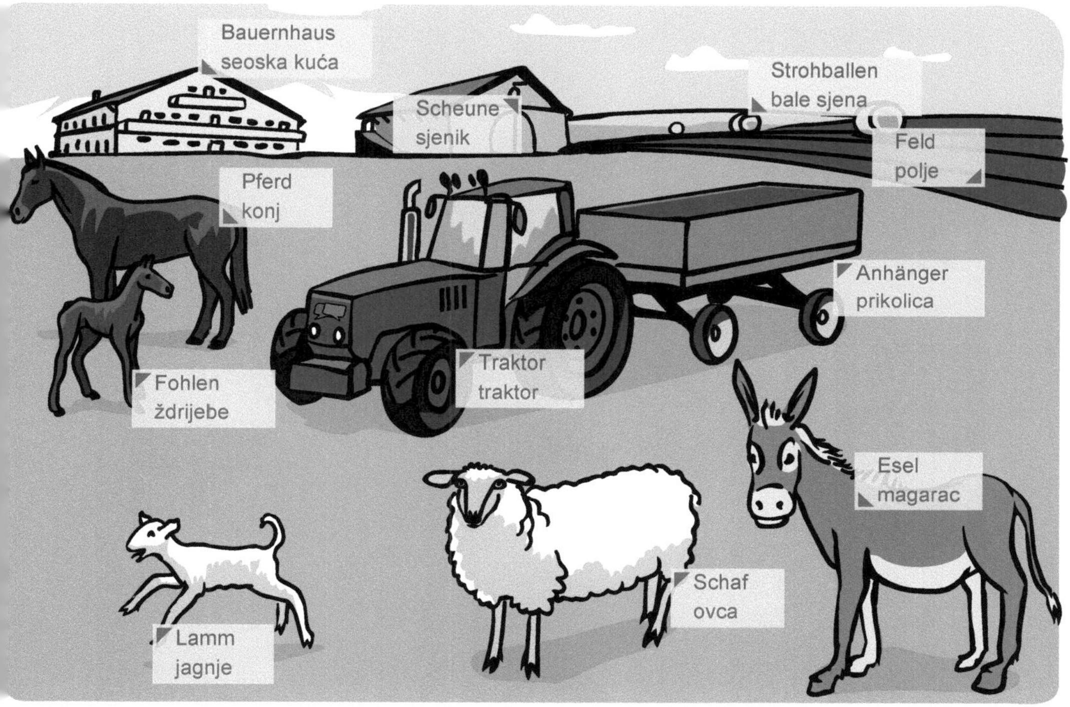
Bauernhaus
seoska kuća
Scheune
sjenik
Strohballen
bale sjena
Feld
polje
Pferd
konj
Anhänger
prikolica
Traktor
traktor
Fohlen
ždrijebe
Esel
magarac
Schaf
ovca
Lamm
jagnje

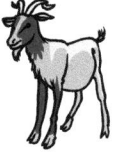

Ziege

koza

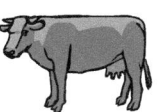

Kuh

krava

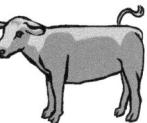

Kalb

tele

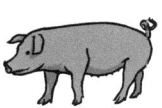

Schwein

svinja

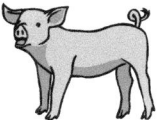

Ferkel

prase

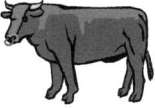

Bulle

bik

Gans

guska

Ente

patka

Küken

pile

Huhn

kokoška

Hahn

pjetao

Ratte

pacov

Katze

mačka

Maus

miš

Ochse

vol

Hund

pas

Hundehütte

pseća kućica

Gartenschlauch

crijevo za baštu

Gießkanne

kanta za zalijevanje

Sense

kosa

Pflug

plug

Sichel

srp

Hacke

motika

Mistgabel

vile

Axt

sjekira

Schubkarre

tačke

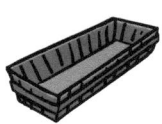

Trog

korito

Milchkanne

bokal za mlijeko

Sack

vreća

Zaun

ograda

Stall

štala

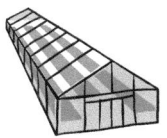

Treibhaus

staklenik

Boden

tlo

Saat

sjeme

Dünger

đubrivo

Mähdrescher

kombajn

ernten

kositi

Ernte

žetva

Yamswurzel

jam korijen

Weizen

pšenica

Soja

soja

Kartoffel

krompir

Mais

kukuruz

Raps

uljana repica

Obstbaum

drvo voća

Maniok

manioka

Getreide

žito

Haus
kuća

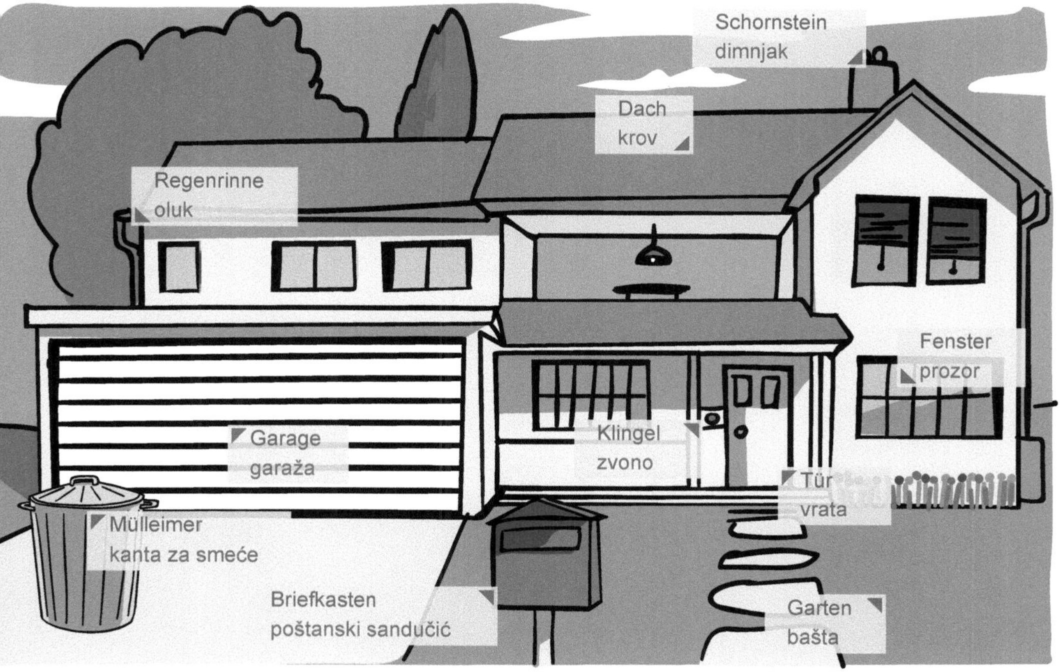
Schornstein
dimnjak
Dach
krov
Regenrinne
oluk
Fenster
prozor
Garage
garaža
Klingel
zvono
Tür
vrata
Mülleimer
kanta za smeće
Briefkasten
poštanski sandučić
Garten
bašta

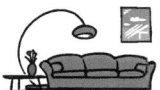

Wohnzimmer
....
dnevni boravak

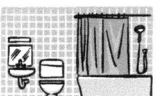

Badezimmer
....
kupatilo

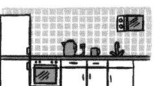

Küche
....
kuhinja

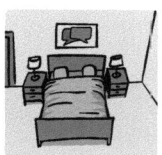

Schlafzimmer
....
spavaća soba

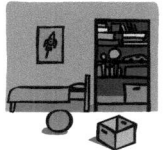

Kinderzimmer
....
dječija soba

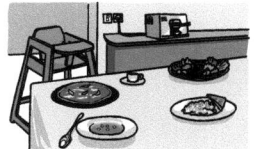

Esszimmer
....
trpezarija

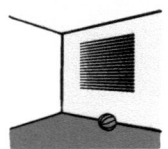

Boden

pod, tlo

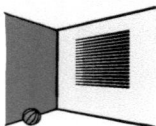

Wand

zid

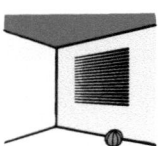

Decke

plafon

Keller

podrum

Sauna

sauna

Balkon

balkon

Terrasse

terasa

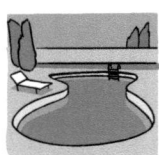

Schwimmbad

bazen

Rasenmäher

kosilica

Bettbezug

posteljina

Bettdecke

pokrivač

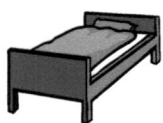

Bett

krevet

Besen

metla

Eimer

kanta

Schalter

prekidač

Wohnzimmer
dnevni boravak

Tapete
tapeta
Bild
fotografija
Lampe
lampa
Regal
polica
Schrank
ormar
Fernseher
televizija
Kamin
dimnjak
Blume
cvijet
Kissen
jastuk
Sofa
kauč
Vase
vaza
Fernbedienung
daljinski upravljač

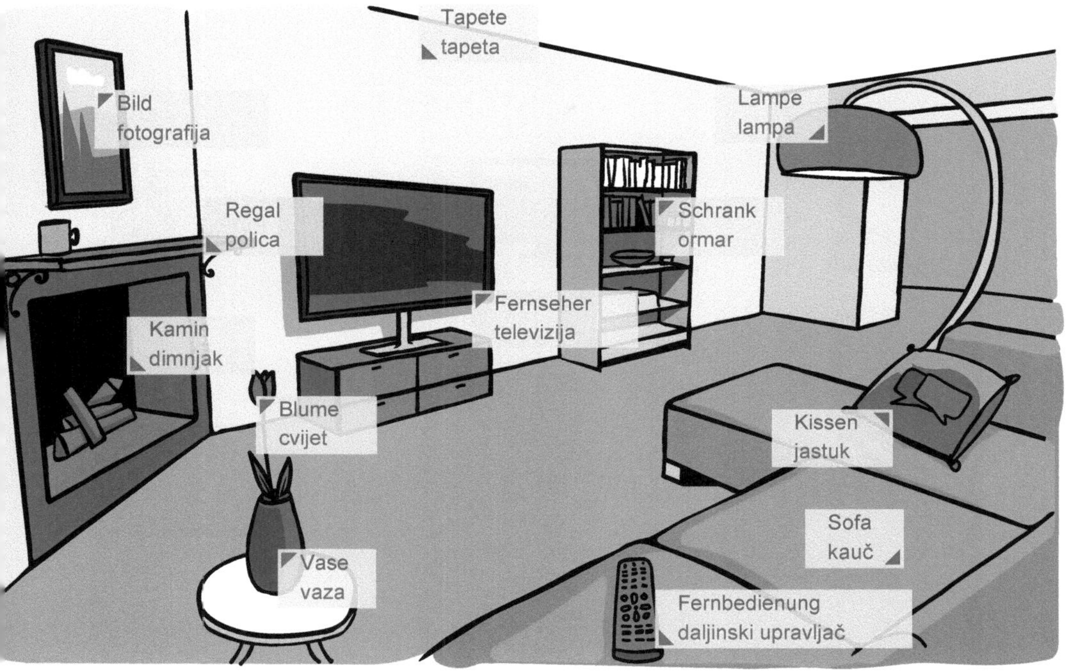

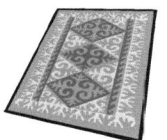

Teppich

tepih

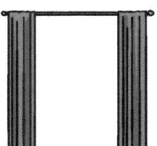

Vorhang

zavjesa

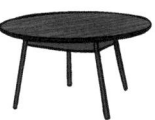

Tisch

stol

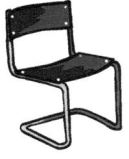

Stuhl

stolica

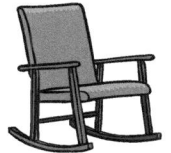

Schaukelstuhl

stolica za ljuljanje

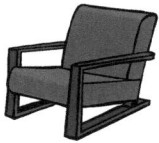

Sessel

fotelja

Buch

knjiga

Decke

deka

Dekoration

dekoracija

Feuerholz

ložno drvo

Film

film

Stereoanlage

stereo uređaj

Schlüssel

ključ

Zeitung

novine

Gemälde

umjetnička slika

Poster

poster

Radio

radio

Notizblock

blok za bilješke

Staubsauger

usisavač

Kaktus

kaktus

Kerze

svijeća

Küche
kuhinja

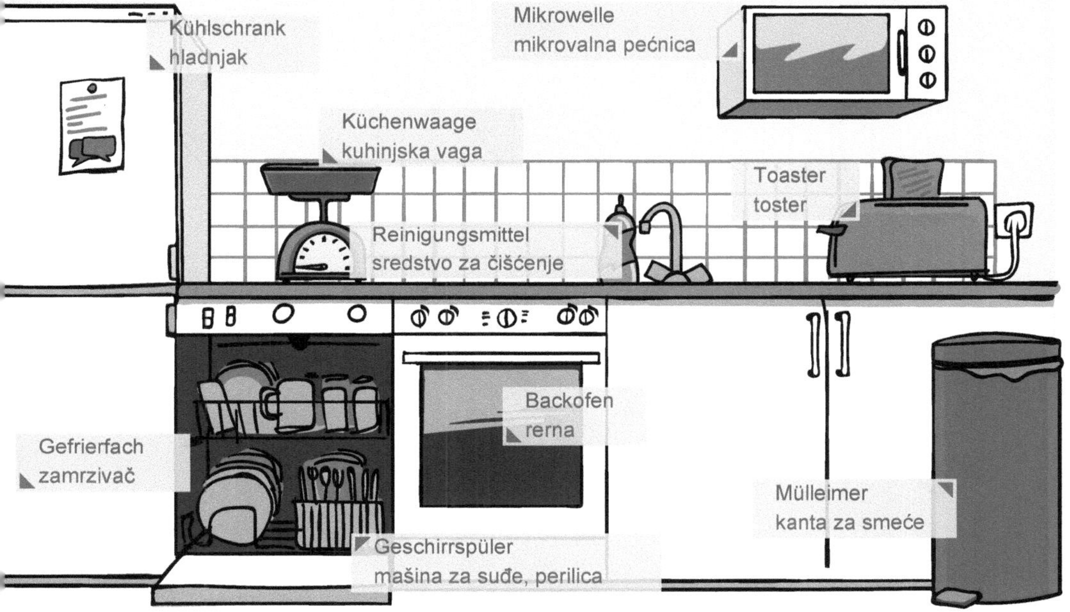

Kühlschrank
hladnjak
Mikrowelle
mikrovalna pećnica
Küchenwaage
kuhinjska vaga
Toaster
toster
Reinigungsmittel
sredstvo za čišćenje
Backofen
rerna
Gefrierfach
zamrzivač
Mülleimer
kanta za smeće
Geschirrspüler
mašina za suđe, perilica

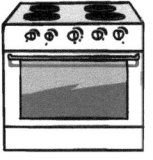

Herd

peć

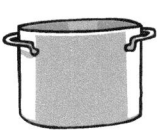

Topf

lonac

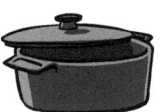

Eisentopf

metalni lonac

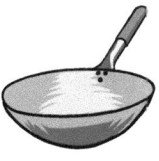

Wok / Kadai

vok / kadai

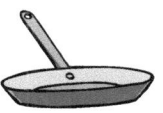

Pfanne

tava, tiganj

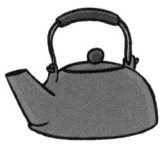

Wasserkocher

kuhalo

Dampfgarer

aparat za kuhanje na pari

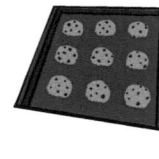

Backblech

lim za pečenje

Geschirr

posuđe

Becher

šalica

Schale

činija

Essstäbchen

kineski štapići

Suppenkelle

kutlača

Pfannenwender

lopatica

Schneebesen

metlica za snijeg bjelanjca

Kochsieb

sito za kuhanje

Sieb

sito

Reibe

ribež

Mörser

avan s tučkom

Grill

roštilj

Feuerstelle

ložište

Küche - kuhinja

Schneidebrett

daska

Nudelholz

oklagija

Korkenzieher

vadičep

Dose

konzerva

Dosenöffner

otvarač za konzerve

Topflappen

krpe za lonac

Waschbecken

sudoper

Bürste

četka

Schwamm

spužva

Mixer

mikser

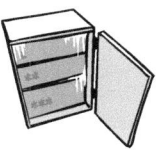

Gefriertruhe

zamrzivač

Babyflasche

flašica za bebu

Wasserhahn

slavina

Badezimmer
kupatilo

Heizung
grijanje

Dusche
tuš

Handtuch
peškir

Duschvorhang
zavjesa za tuš

Schaumbad
pjenušava kupka

Badewanne
kada

Glas
čaša

Waschmaschine
mašina za veš

Fliesen
pločice

Wasserhahn
slavina

Töpfchen
dječja kahlica

Waschbecken
sudoper

Toilette

toalet

Hocktoilette

čučavac

Bidet

bide

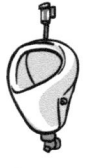

Pissoir

pisoar

Toilettenpapier

toalet papir

Toilettenbürste

četka za wc

Zahnbürste

četkica za zube

Zahnpasta

pasta za zube

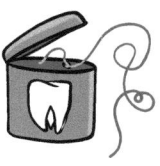

Zahnseide

zubni konac

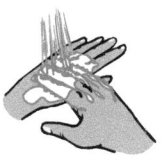

waschen

prati

Handbrause

tuš

Intimdusche

intimni tuš

Waschschüssel

lavor

Rückenbürste

četka za leđa

Seife

sapun

Duschgel

gel za tuširanje

Shampoo

šampon

Waschlappen

krpe za pranje

Abfluss

odvod

Creme

krema

Deodorant

dezodorans

Spiegel	Kosmetikspiegel	Rasierer
ogledalo	ogledalo za šminkanje	brijač
		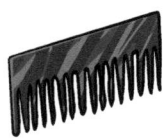
Rasierschaum	Rasierwasser	Kamm
pjena za brijanje	vodica poslije brijanja	češalj

Bürste	Föhn	Haarspray
četka	fen	sprej za kosu

Makeup	Lippenstift	Nagellack
puder	karmin	lak za nokte

Watte	Nagelschere	Parfum
vata	makazice za nokte	parfem

Kulturbeutel

kozmetička torbica

Hocker

hoklica

Waage

vaga

Bademantel

kupaći ogrtač

Gummihandschuhe

rukavice za čišćenje

Tampon

tampon

Damenbinde

uložak za dame

Chemietoilette

hemijski toalet

Kinderzimmer

dječija soba

Wecker
budilnik
Kuscheltier
plišana igračka
Spielzeugauto
auto za igru
Rassel
zvečka
Puppenhaus
kućica za lutke
Geschenk
poklon

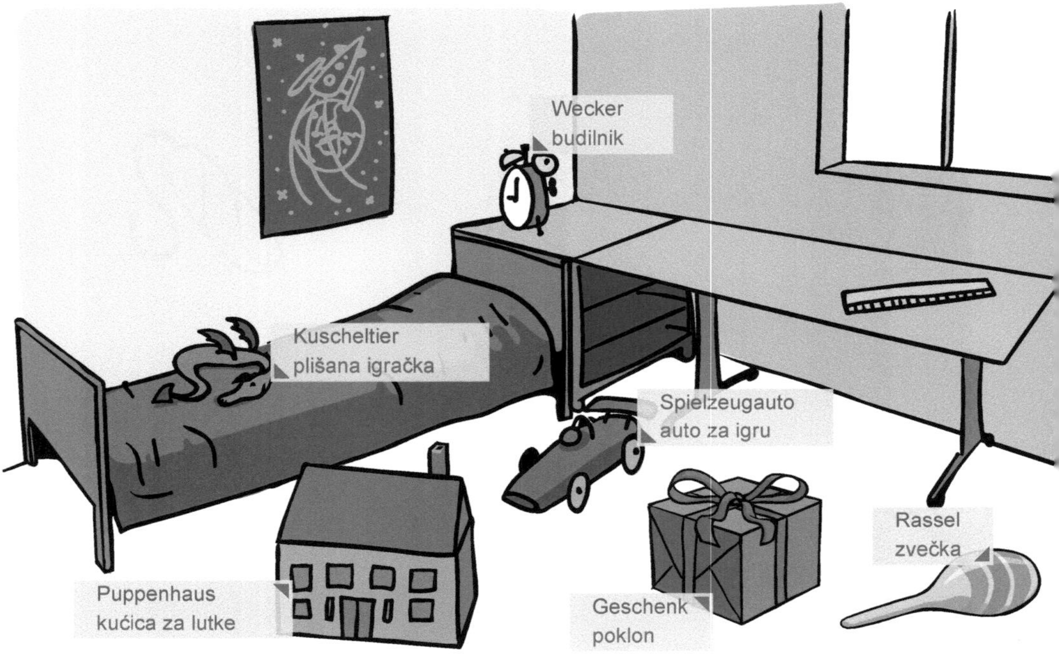

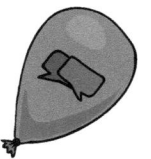

Ballon
balon

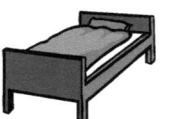

Bett
krevet

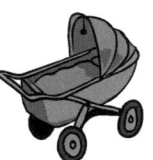

Kinderwagen
kolica za djecu

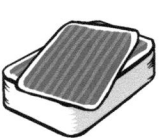

Kartenspiel
karte za igranje

Puzzle
puzle

SUPER
MEGA

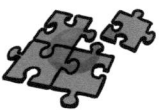

Comic
strip

Legosteine

lego kockice

Bausteine

kockice za gradnju

Action Figur

akcione figure

Strampelanzug

benkica

Frisbee

frizbi

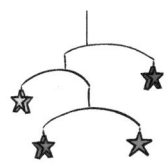

Mobile

mobile

Brettspiel

igra na ploči

Würfel

kocka

Modelleisenbahn

miniatura željeznice

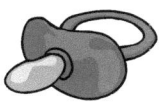

Schnuller

cucla

Party

zabava

Bilderbuch

slikovnica

Ball

lopta

Puppe

lutka

spielen

igrati

Sandkasten

pješćanik

Schaukel

ljuljačka

Spielzeug

igračke

Spielkonsole

konzola za igru

Dreirad

triciklo

Teddy

medvjedić

Kleiderschrank

ormar

Kleidung

odjeća

Socken

kratke čarape

Strümpfe

čarape

Strumpfhose

hulahopke

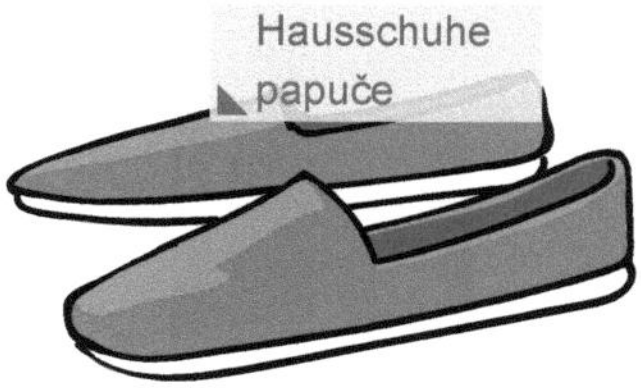

Schal
šal

Regenschirm
kišobran

T-Shirt
majica kratkih rukava

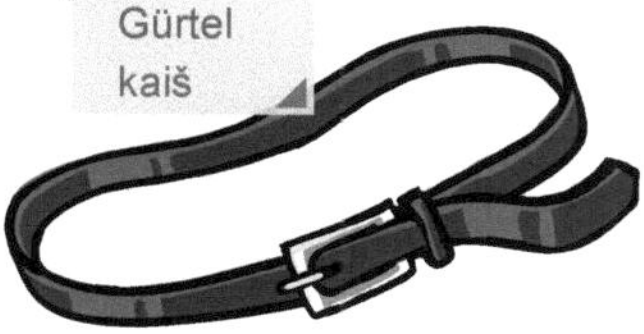

Gürtel
kaiš

Turnschuhe
patike

Stiefel
čizme

Hausschuhe
papuče

Sandalen

sandale

Schuhe

cipele

Gummistiefel

gumene čizme

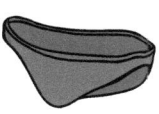

Unterhose

gaće

Büstenhalter

grudnjak

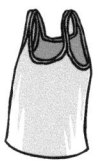

Unterhemd

potkošulja

Body

bodi

Hose

hlače

Jeans

farmerke

Rock

suknja

Bluse

bluza

Hemd

košulja

Pullover

džemper

Kapuzenpullover

majica

Blazer

sako

Jacke

jakna

Mantel

mantil

Regenmantel

kišni mantil

Kostüm

kostim

Kleid

haljina

Hochzeitskleid

vjenčanica

Anzug
odijelo

Nachthemd
spavaćica

Schlafanzug
pidžama

Sari
sari

Kopftuch
marama

Turban
turban

Burka
burka

Kaftan
kaftan

Abaya
abaja

Badeanzug
kupaći kostim

Badehose
kupaće gaće

Kurze Hose
kratke hlače

Trainingsanzug
trenerka

Schürze
pregača

Handschuhe
rukavice

Knopf

dugme

Brille

naočare

Armband

narukvica

Halskette

ogrlica

Ring

prsten

Ohrring

naušnica

Mütze

kapa

Kleiderbügel

vješalica

Hut

šešir

Krawatte

kravata

Reißverschluss

patentni zatvarač

Helm

kaciga

Hosenträger

tregeri za hlače

Schuluniform

školska uniforma

Uniform

uniforma

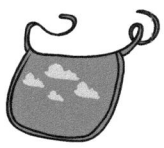

Lätzchen

podbradak

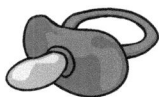

Schnuller

cucla

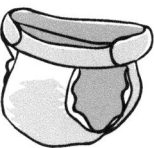

Windel

pelene

Büro
ured

Server
server
Aktenschrank
ormar za kartoteku
Drucker
štampač
Papier
papir
Monitor
monitor
Maus
miš
Schreibtisch
pisaći sto
Ordner
registrator
Tastatur
tastatura
Papierkorb
korpa za papir
Computer
kompjuter
Stuhl
stolica

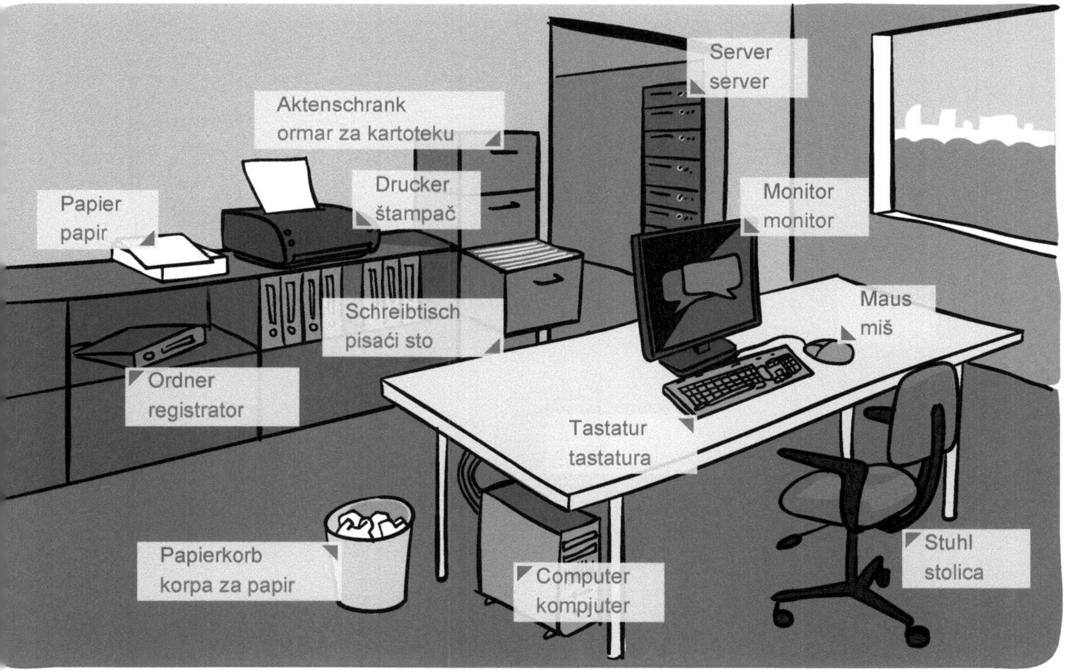

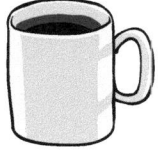

Kaffeebecher

šolja za kafu

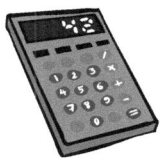

Taschenrechner

kalkulator

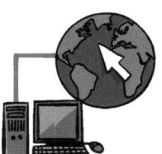

Internet

internet

Laptop

laptop

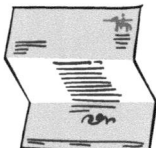

Brief

pismo

Nachricht

poruka

Handy

mobilni telefon

Netzwerk

mreža

Kopierer

aparat za kopiranje

Software

softver

Telefon

telefon

Steckdose

utičnica

Fax

faks

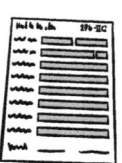

Formular

formular

Dokument

dokument

kaufen

kupovati

bezahlen

platiti

handeln

trgovati

Geld

novac

USD

Dollar

dolar

EUR

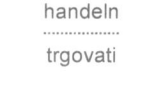

Euro

euro

JPY

Yen

jen

RUB

Rubel

rublja

CHF

Franken

franak

CNY

Renminbi Yuan

renminbi jen

INR

Rupie

rupi

Geldautomat

bankomat

Wechselstube

mjenjačnica

Gold

zlato

Silber

srebro

Öl

nafta

Energie

energija

Preis

cijena

Vertrag

ugovor

Steuer

porez

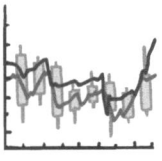

Aktie

akcija

arbeiten

raditi

Angestellter

službenik

Arbeitgeber

poslodavac

Fabrik

fabrika

Geschäft

radnja

Berufe
zanimanja

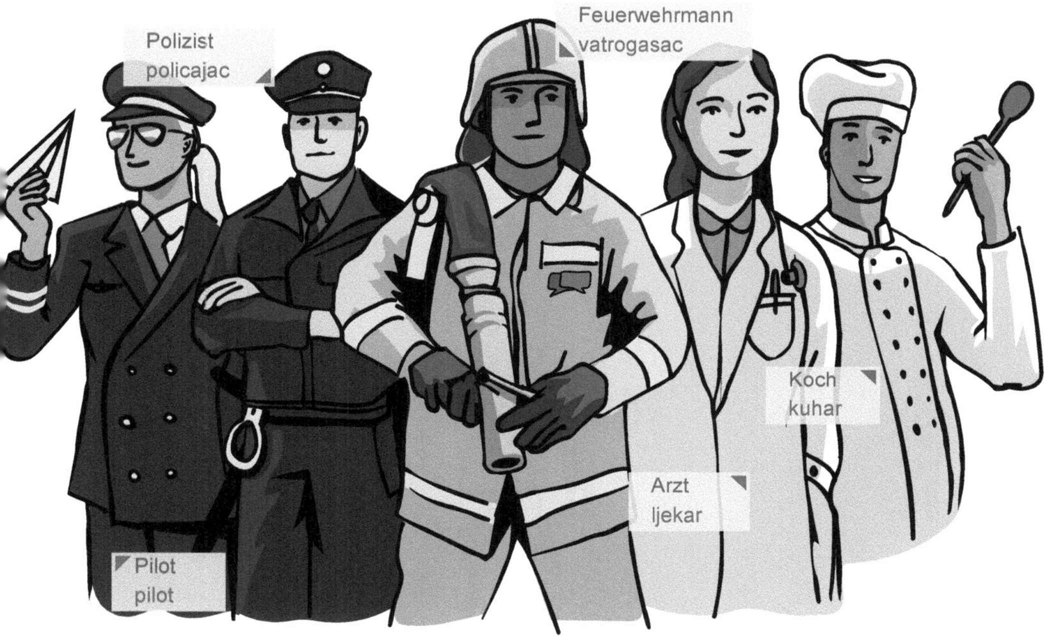
Polizist
policajac
Feuerwehrmann
vatrogasac
Koch
kuhar
Arzt
ljekar
Pilot
pilot

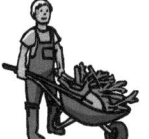

Gärtner

baštovan

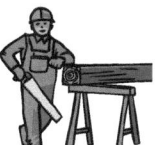

Tischler

stolar

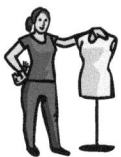

Näherin

krojačica

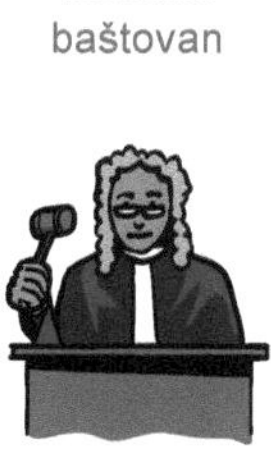

Richter

sudija

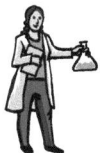

Chemiker

hemičar

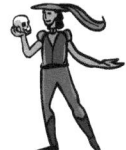

Schauspieler

glumac

Busfahrer

vozač autobusa

Taxifahrer

vozač taksija

Fischer

ribar

Putzfrau

čistačica

Dachdecker

krovopokrivač

Kellner

konobar

Jäger

lovac

Maler

moler

Bäcker

pekar

Elektriker

električar

Bauarbeiter

građevinski radnik

Ingenieur

inženjer

Schlachter

koljač

Klempner

limar, vodoinstalater

Postbote

poštar

Soldat

vojnik

Architekt

arhitekta

Kassierer

blagajnik

Florist

cvjećar

Friseur

frizer

Schaffner

kontrolor

Mechaniker

mehaničar

Kapitän

kapiten

Zahnarzt

zubar

Wissenschaftler

naučnik

Rabbi

rabin

Imam

imam

Mönch

monah

Geistlicher

sveštenik

Werkzeuge
alat

Zange
kliješta
Hammer
čekić
Schraubendreher
izvijač
Schraubenschlüssel
vijčani ključ
Taschenlampe
džepna lampa

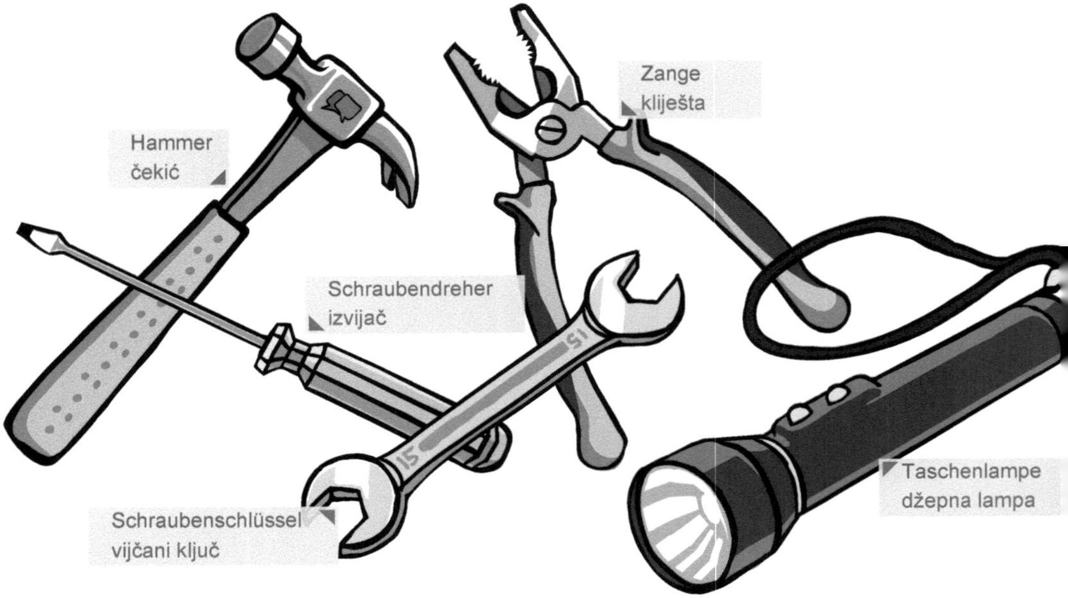

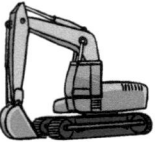

Bagger
bager

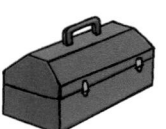

Werkzeugkasten
kutija sa alatom

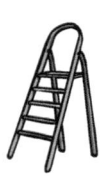

Leiter
ljestve

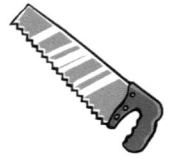

Säge
testera, pila

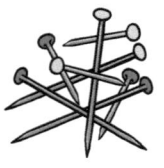

Nägel
ekser

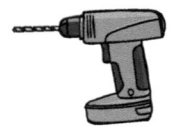

Bohrer
bušilica

reparieren

popraviti

Schaufel

lopata

Mist!

sranje!

Kehrblech

lopatica

Farbtopf

kanta boje

Schrauben

vijak

Musikinstrumente
muzički instrumenti

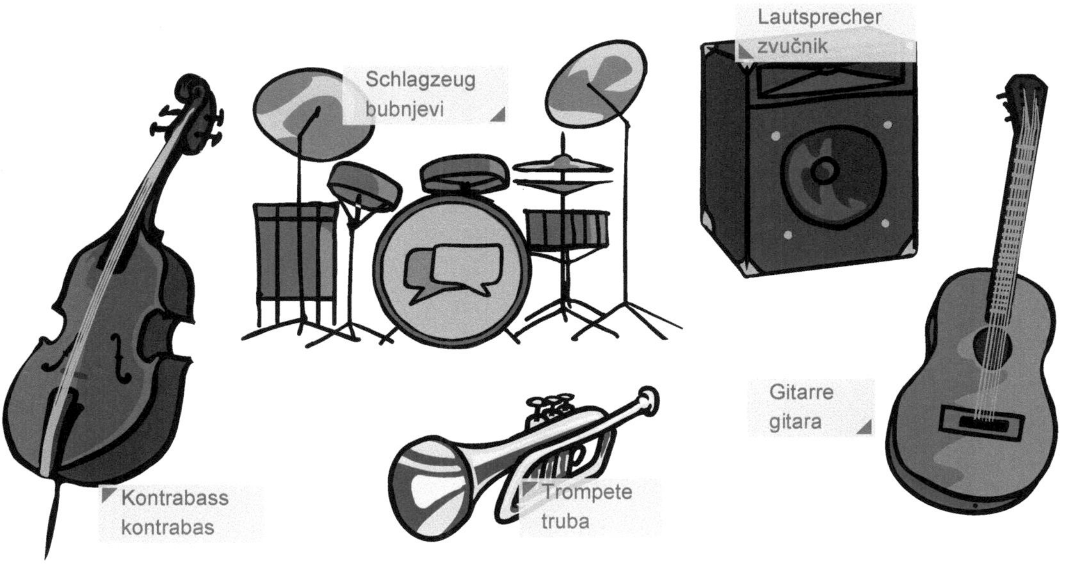

Schlagzeug
bubnjevi

Lautsprecher
zvučnik

Kontrabass
kontrabas

Trompete
truba

Gitarre
gitara

Klavier

klavir

Violine

violina

Bass

bas

Pauke

bubanj timpani

Trommeln

bubanj

Keyboard

sintisajzer

Saxophon

saksofon

Flöte

flauta

Mikrofon

mikrofon

Tiger
tigar

Eingang
ulaz

Käfig
kavez

Zebra
zebra

Tierfutter
hrana za životinje

Panda
panda

Tiere

životinje

Elefant

slon

Känguru

kenguru

Nashorn

nosorog

Gorilla

gorila

Bär

medvjed

Kamel

kamila

Strauß

noj

Löwe

lav

Affe

majmun

Flamingo

flamingo

Papagei

papagaj

Eisbär

polarni medvjed

Pinguin

pingvin

Hai

morski pas

Pfau

paun

Schlange

zmija

Krokodil

krokodil

Zoowärter

čuvar u zološkom vrtu

Robbe

tuljan

Jaguar

jaguar

Pony

poni

Leopard

leopard

Nilpferd

nilski konj

Giraffe

žirafa

Adler

orao

Wildschwein

divlja svinja

Fisch

riba

Schildkröte

kornjača

Walross

morž

Fuchs

lisica

Gazelle

gazela

American Football
američki fudbal

Radfahren
vožnja bicikla

Tennis
tenis

Basketball
košarka

Schwimmen
plivanje

Boxen
boks

Eishockey
hokej na ledu

Fußball
fudbal

Badminton
bedminton

Leichtathletik
laka atletika

Handball
rukomet

Skilaufen
skijanje

Polo
polo

Aktivitäten
aktivnosti

springen
skakati
umarmen
zagrliti
lachen
smijati se
gehen
ići
singen
pjevati
träumen
sanjati
beten
moliti
küssen
ljubiti

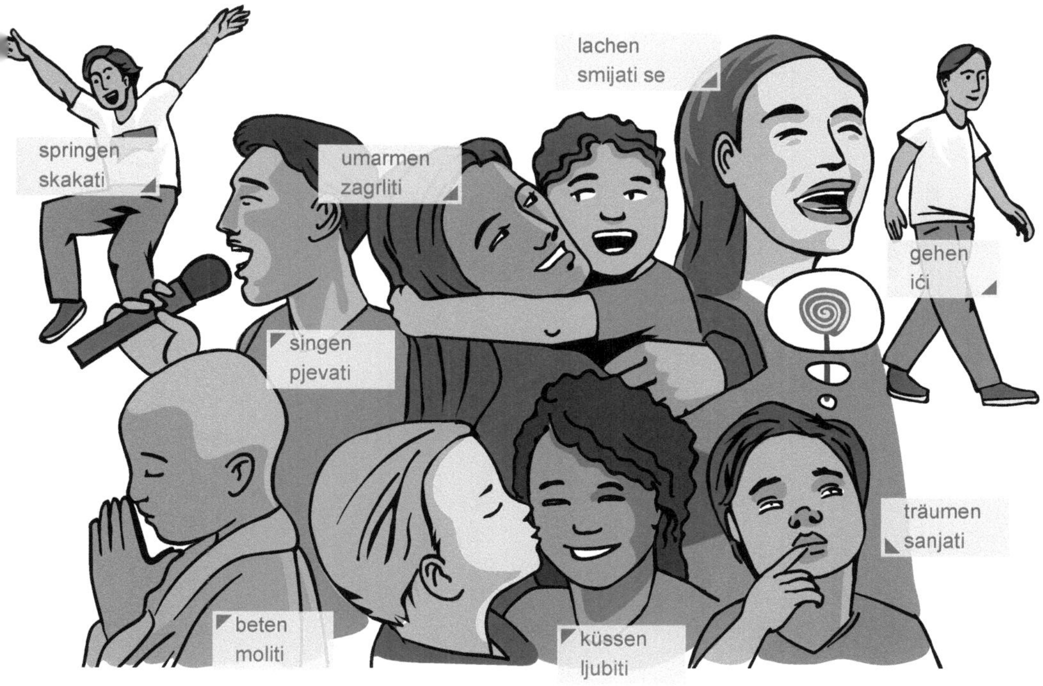

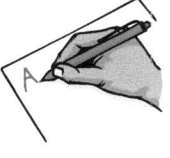

schreiben
pisati

zeichnen
crtati

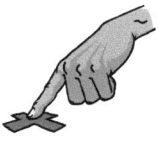

zeigen
pokazati

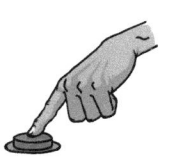

drücken
gurati

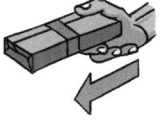

geben
dati

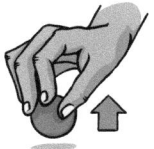

nehmen
uzeti

haben

imati

tun

raditi

sein

biti

stehen

stajati

laufen

trčati

ziehen

vući

werfen

baciti

fallen

pasti

liegen

ležati

warten

čekati

tragen

nositi

sitzen

sjediti

anziehen

obući

schlafen

spavati

aufwachen

probuditi

ansehen

pogledati

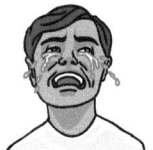

weinen

plakati

streicheln

milovati

kämmen

češljati

reden

govoriti

verstehen

razumjeti

fragen

pitati

hören

slušati

trinken

piti

essen

jesti

aufräumen

pospremiti

lieben

voljeti

kochen

kuhati

fahren

voziti

fliegen

letjeti

segeln

jedriti

rechnen

računati

lesen

čitati

lernen

učiti

arbeiten

raditi

heiraten

vjenčavti

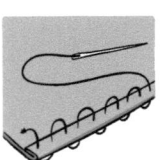

nähen

šiti

Zähne putzen

prati zube

töten

ubiti

rauchen

pušiti

senden

slati

Familie
porodica

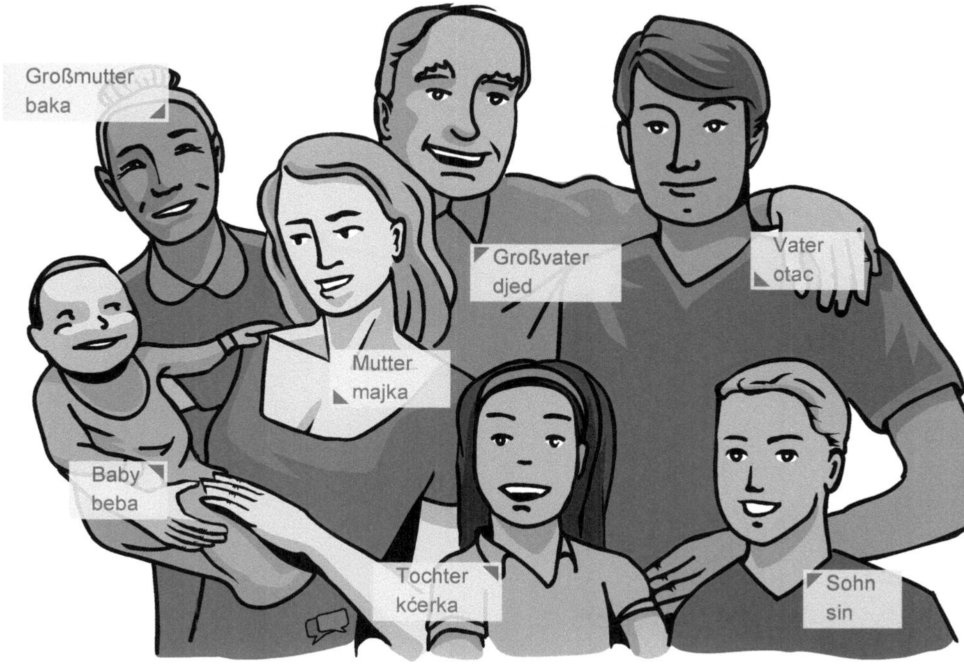

Großmutter
baka
Großvater
djed
Vater
otac
Mutter
majka
Baby
beba
Tochter
kćerka
Sohn
sin

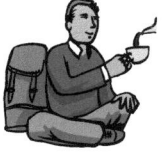

Gast
gost

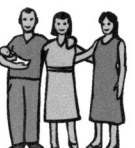

Tante
ujna, tetka, strina

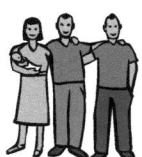

Onkel
ujak, tetak, stric

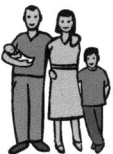

Bruder
brat

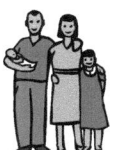

Schwester
sestra

Körper
tijelo

Stirn
čelo
Auge
oko
Gesicht
lice
Kinn
brada
Finger
prst
Hand
ruka, šaka
Brust
grudi
Arm
ruka
Schulter
leđa
Bein
noga

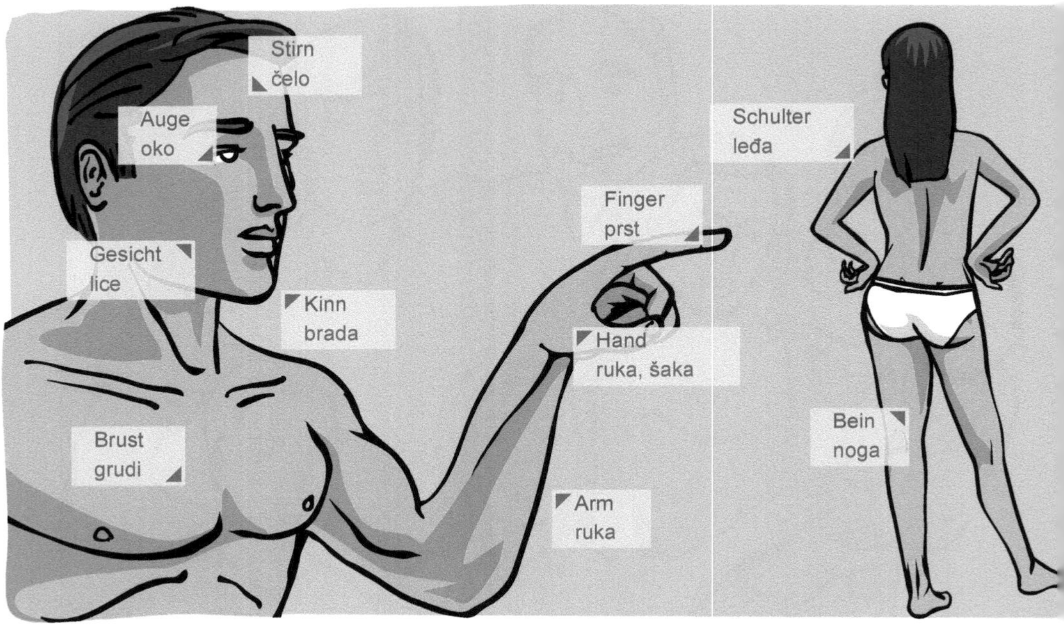

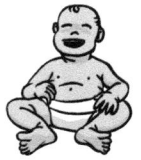

Baby
beba

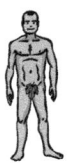

Mann
muškarac

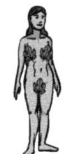

Frau
žena

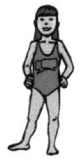

Mädchen
djevojčica

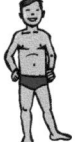

Junge
dječak

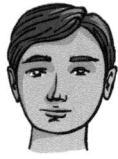

Kopf
glava

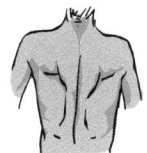	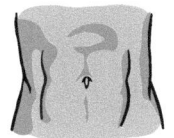	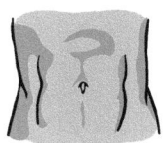
Rücken	Bauch	Nabel
leđa	stomak	pupak
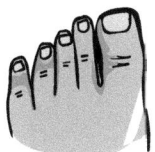	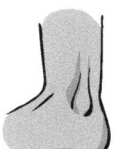	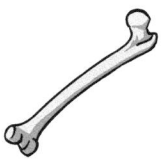
Zeh	Ferse	Knochen
nožni prst	peta	kosti
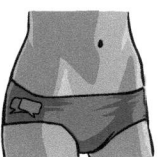	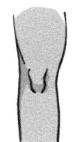	
Hüfte	Knie	Ellenbogen
kuk	koljeno	lakat
		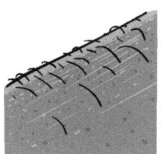
Nase	Gesäß	Haut
nos	stražnjica	koža
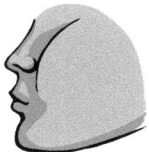	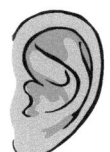	
Wange	Ohr	Lippe
obraz	uho	usna

Mund

usta

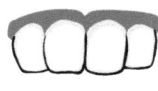

Zahn

zub

Zunge

jezik

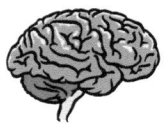

Gehirn

mozak

Herz

srce

Muskel

mišić

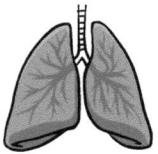

Lunge

pluća

Leber

jetra

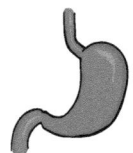

Magen

želudac

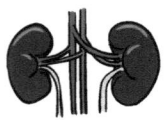

Nieren

bubreg

Geschlechtsverkehr

spolni odnos

Kondom

kondom

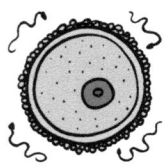

Eizelle

jajna ćelija

Sperma

sperma

Schwangerschaft

trudnoća

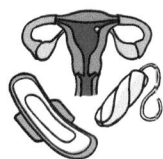

Menstruation

menstruacija

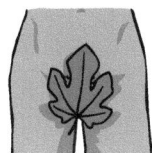

Vagina

vagina

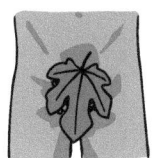

Penis

penis

Augenbraue

obrva

Haar

kosa

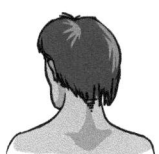

Hals

vrat

Krankenhaus
bolnica

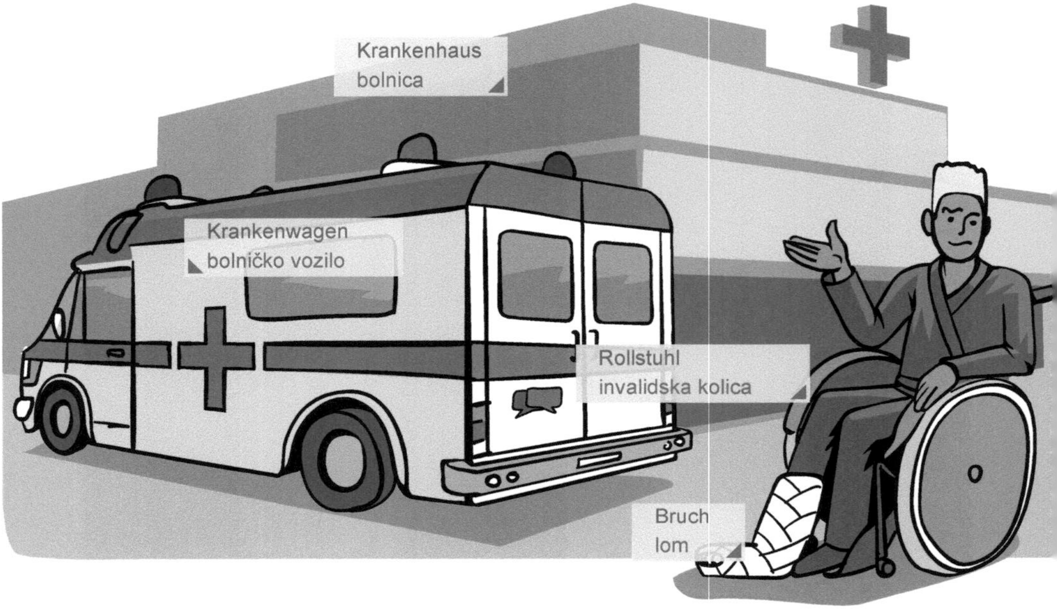

Krankenhaus
bolnica
Krankenwagen
bolničko vozilo
Rollstuhl
invalidska kolica
Bruch
lom

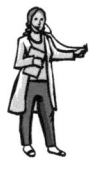

Arzt

ljekar

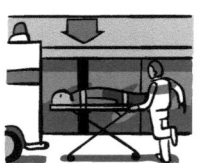

Notaufnahme

hitna služba

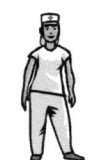

Krankenschwester

medicinska sestra

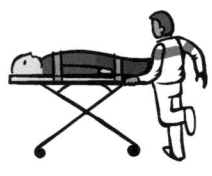

Notfall

hitna pomoć

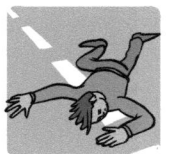

ohnmächtig

nesvjest

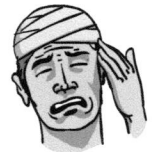

Schmerz

bol

Verletzung

povreda

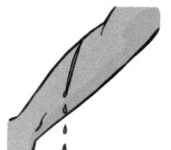

Blutung

krvarenje

Herzinfarkt

srčani udar, infarkt

Schlaganfall

moždani udar

Allergie

alergija

Husten

kašalj

Fieber

groznica

Grippe

gripa

Durchfall

proljev

Kopfschmerzen

glavobolja

Krebs

rak

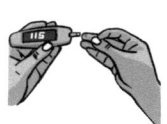

Diabetis

dijabetes

Chirurg

hirurg

Skalpell

skalpel

Operation

operacija

CT

CT

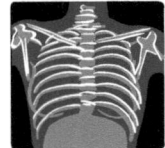

Röntgen

rendgen

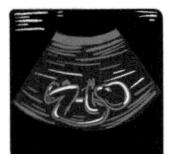

Ultraschall

ultrazvuk

Maske

maska

Krankheit

bolest

Wartezimmer

čekaonica

Krücke

štake

Pflaster

flaster

Verband

zavoj

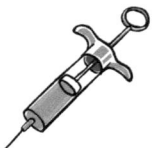

Injektion

injekcija

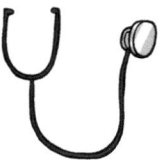

Stethoskop

stetoskop

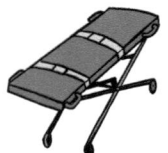

Trage

nosilo

Thermometer

termometar

Geburt

porod

Übergewicht

prekomjerna težina, debljina

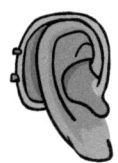

Hörgerät

slušni aparat

Desinfektionsmittel

sredstvo za dezinfekciju

Infektion

infekcija

Virus

virus

HIV / AIDS

HIV/ AIDS

Medizin

medicina

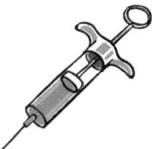

Impfung

vakcinacija

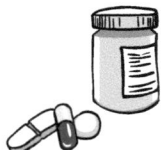

Tabletten

tablete

Pille

pilula

Notruf

hitni poziv

Blutdruck-Messgerät

aparat za mjerenje pritiska

krank / gesund

bolestan / zdrav

Hilfe!
Upomoć!

Alarm
alarm

Überfall
napad, prepad

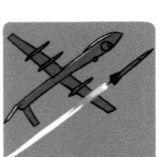

Angriff
napad

Gefahr
opasnost

Notausgang
izlaz u slučaju opasnosti

Feuer!
Požar!

Feuerlöscher
vatrogasni aparat

Unfall
nezgoda

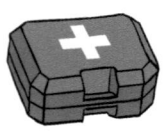

Erste-Hilfe-Koffer
torba prve pomoći

SOS
SOS

Polizei
policija

Europa

Europa

Nordamerika

Sjeverna Amerika

Südamerika

Južna Amerika

Afrika

Afrika

Asien

Azija

Australien

Australija

Atlantik

Atlantik

Pazifik

Pacifik

Indischer Ozean

Indijski okean

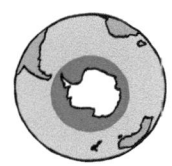

Antarktischer Ozean

Antarktički okean

Arktischer Ozean

Arktički okean

Nordpol

Sjeverni pol

Südpol

Južni pol

Antarktis

Antarktik

Erde

Zemlja

Land

zemlja

Meer

more

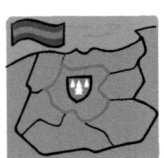

Insel

ostrvo

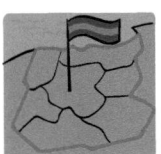

Nation

nacija

Staat

država

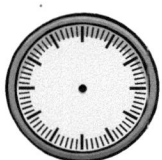

Zifferblatt

brojčanik sata

Stundenzeiger

kazaljka sata

Minutenzeiger

kazaljka minute

Sekundenzeiger

kazaljka sekunde

Wie spät ist es?

Koliko je sati?

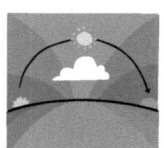

Tag

dan

Zeit

vrijeme

jetzt

sada

Digitaluhr

digitalni sat

Minute

minuta

Stunde

sat

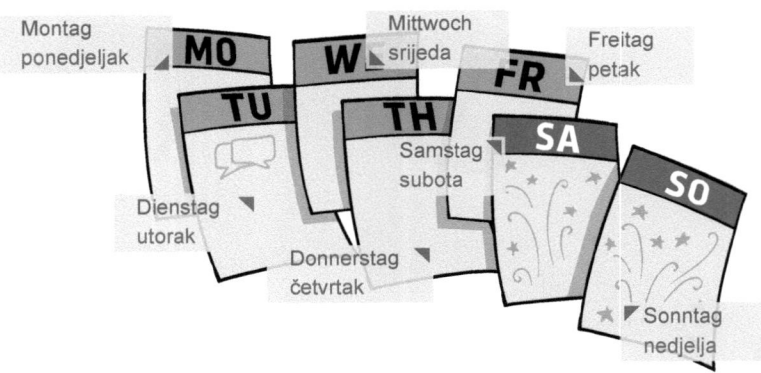

Montag
ponedjeljak

Mittwoch
srijeda

Freitag
petak

Dienstag
utorak

Donnerstag
četvrtak

Samstag
subota

Sonntag
nedjelja

gestern

juče

heute

danas

morgen

sutra

Morgen

jutro

Mittag

podne

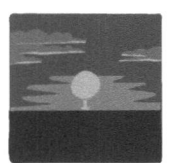

Abend

veče

MO	TU	WE	TH	FR	SA	SU
1	2	3	4	5	6	7
8	9	10	11	12	13	14
15	16	17	18	19	20	21
22	23	24	25	26	27	28
29	30	31	1	2	3	4

Arbeitstage

radni dani

MO	TU	WE	TH	FR	SA	SU
1	2	3	4	5	6	7
8	9	10	11	12	13	14
15	16	17	18	19	20	21
22	23	24	25	26	27	28
29	30	31	1	2	3	4

Wochenende

vikend

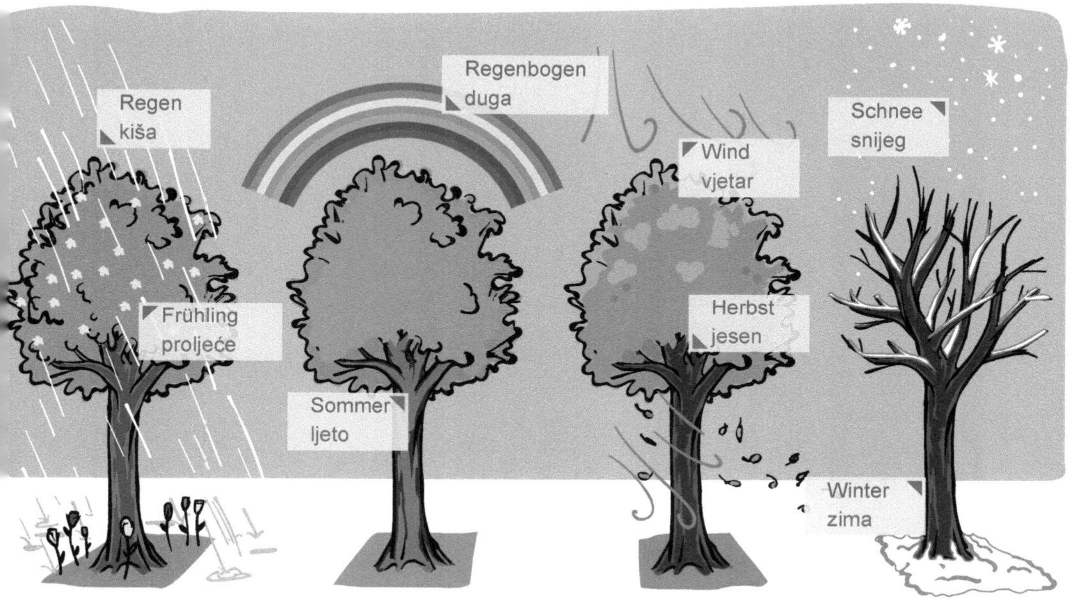

Regen
kiša
Regenbogen
duga
Schnee
snijeg
Wind
vjetar
Frühling
proljeće
Herbst
jesen
Sommer
ljeto
Winter
zima

4.APRIL 11°
5.APRIL 4°
6.APRIL 13°
7.APRIL 8°
8.APRIL 10°

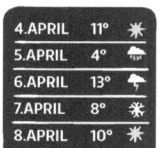

Wettervorhersage

prognoza vremena

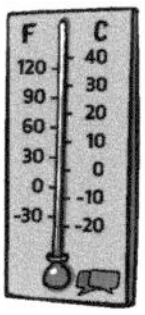

F C
120 40
90 30
60 20
30 10
0 0
-30 -10
-20

Thermometer

termometar

Sonnenschein

sunčev sjaj

Wolke

oblak

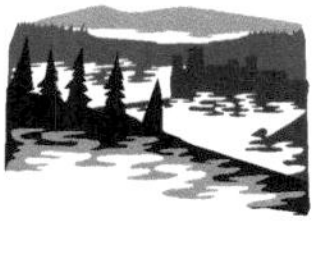

Nebel

magla

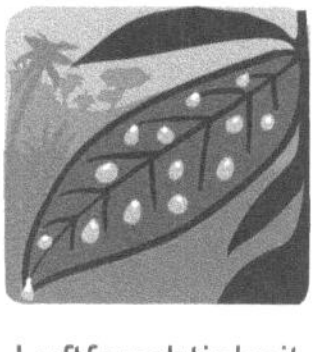

Luftfeuchtigkeit

vlažnost vazduha

Blitz

munja

Donner

grom

Sturm

oluja

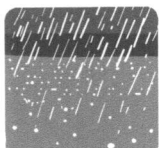

Hagel

tuča, led

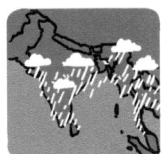

Monsun

monsun

Flut

poplava

Eis

led

Januar

januar

Februar

februar

März

mart

April

april

Mai

maj

Juni

juni

Juli

juli

August

avgust

September
....
septembar

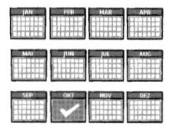

Oktober
....
oktobar

November
....
novembar

Dezember
....
decembar

Formen
oblici

Kreis
....
krug

Quadrat
....
kvadrat

Rechteck
....
pravougao

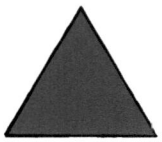

Dreieck
....
trougao

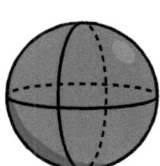

Kugel
....
kugla

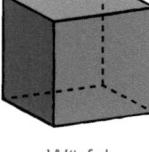

Würfel
....
kocka

weiß

bjel

gelb

žut

orange

narandžast

pink

pink

rot

crven

lila

ljubičast

blau

plav

grün

zelen

braun

smeđ

grau

siv

schwarz

crn

viel / wenig

malo / mnogo

wütend / friedlich

ljutit / miran

hübsch / hässlich

lijep / ružan

Anfang / Ende

početak / kraj

groß / klein

veliki / mali

hell / dunkel

svijetlo / tamno

Bruder / Schwester

brat / sestra

sauber / schmutzig

čist / prljav

vollständig / unvollständig

potpun / nepotpun

Tag / Nacht

dan / noć

tot / lebendig

mrtav / živ

breit / schmal

široko / usko

genießbar / ungenießbar

ukusno / neukusno

böse / freundlich

zao / prijatan

aufgeregt / gelangweilt

uzbuđen / dosadan

dick / dünn

debeo / mršav

zuerst / zuletzt

najprije / najkasnije

Freund / Feind

prijatelj / neprijatelj

voll / leer

pun / prazan

hart / weich

trvd / mekan

schwer / leicht

težak / lagan

Hunger / Durst

glad / žeđ

krank / gesund

bolestan / zdrav

illegal / legal

ilegalan / legalan

intelligent / dumm

inteligentan / glup

links / rechts

lijevo / desno

nah / fern

blizu / daleko

neu / gebraucht

nov / polovan

nichts / etwas

ništa / nešto

alt / jung

star / mlad

an / aus

uključeno / isključeno

offen / geschlossen

otvoreno / zatvoreno

leise / laut

tiho / glasno

reich / arm

bogat / siromašan

richtig / falsch

tačno / pogrešno

rau / glatt

hrapav / glatak

traurig / glücklich

tužan / srećan

kurz / lang

kratak / dug

langsam / schnell

spor / brz

nass / trocken

mokro / suho

warm / kühl

toplo / hladno

Krieg / Frieden

rat / mir

0

null

nula

1

eins

jedan

2

zwei

dva

3

drei

tri

4

vier

četiri

5

fünf

pet

6

sechs

šest

7

sieben

sedam

8

acht

osam

9

neun

devet

10

zehn

deset

11

elf

jedanaest

12

zwölf

dvanaest

13

dreizehn

trinaest

14

vierzehn

četrnaest

15

fünfzehn

petnaest

16

sechzehn

šesnaest

17

siebzehn

sedamnaest

18

achtzehn

osamnaest

19

neunzehn

devetnaest

20

zwanzig

dvadeset

100

hundert

sto

1.000

tausend

hiljada

1.000.000

million

milion

Englisch

engleski

Amerikanisches Englisch

američki engleski

Chinesisch Mandarin

kinesko mandarinski

Hindi

hindi

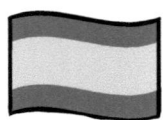

Spanisch

španski

Französisch

francuski

Arabisch

arapski

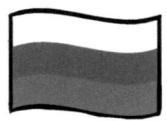

Russisch

ruski

Portugiesisch

portugalski

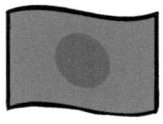

Bengalisch

bengalski

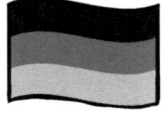

Deutsch

njemački

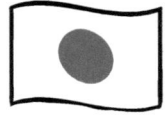

Japanisch

japanski

ich
ja

du
ti

er / sie / es
on / ona / ono

wir
mi

ihr
vi

sie
oni

wer?
ko?

was?
šta?

wie?
kako?

wo?
gdje?

wann?
kada?

Name
ime

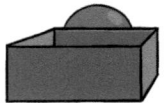

hinter
....
iza

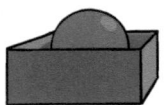

in
....
u

vor
....
pred

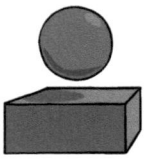

über
....
iznad

auf
....
na

unter
....
ispod

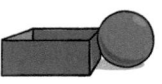

neben
....
pored

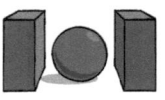

zwischen
....
između

Ort
....
mjesto